LE CORDON BLEU

RECETTES DE GRANDS CHEFS

QUICHES ET TOURTES

W0210632

daphne

sommaire

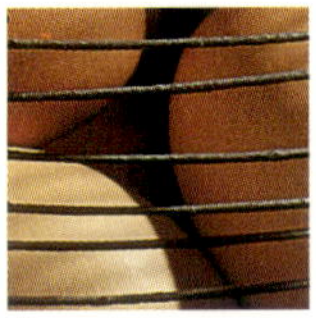

facile — demande un peu d'attention — difficile

Vinaigre

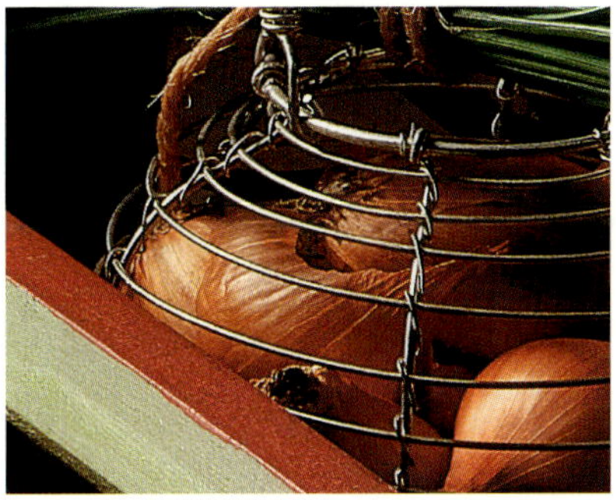

Mille-feuilles au saumon

Cette recette est une délicieuse variante salée du mille-feuille traditionnel, il est composé de couches superposées de pâte feuilletée, de saumon légèrement cuit et d'une sauce aux fines herbes à vous mettre l'eau à la bouche.

Préparation ***1 heure + 15 minutes de réfrigération***
Cuisson ***1 heure 30 minutes***
Pour 4 personnes

400 g de filets de saumon parés
2 cuil. à soupe d'huile d'olive
1/2 quantité de pâte feuilletée (voir page 60)
1 œuf battu
4 feuilles de cerfeuil, pour la garniture

SAUCE
2 échalotes finement hachées
250 ml de vin blanc
1 cuil. à soupe de vinaigre blanc
60 ml de crème fraîche épaisse
200 g de beurre réfrigéré et coupé en dés
2 cuil. à soupe de ciboulette fraîche, hachée

1 Couper le saumon en 24 tranches très fines d'environ 5 mm d'épaisseur. Saler, poivrer et arroser d'huile d'olive. Couvrir et laisser mariner. Beurrer légèrement une plaque et la recouvrir de papier sulfurisé.

2 Préchauffer le four à 210 °C (th. 6-7). Diviser la pâte feuilletée en deux et étaler chaque moitié sur une surface légèrement farinée afin d'obtenir deux rectangles de 29 x 25 cm et de 3 mm d'épaisseur. Piquer avec une fourchette et mettre au réfrigérateur pendant 15 minutes. Déposer un rectangle sur la plaque et couvrir avec une feuille de papier sulfurisé, couvrir d'une autre plaque. Cuire pendant 10 à 15 minutes puis retourner et laisser 10 minutes supplémentaires ou jusqu'à ce que la pâte ait pris une belle teinte dorée uniforme. Badigeonner avec l'œuf battu. Finir la cuisson à découvert pendant 3 à 4 minutes ou jusqu'à ce que la pâte ait pris un bel aspect glacé. Déposer sur une grille, laisser refroidir et recommencer la même opération avec le deuxième rectangle. Découper chaque feuille de pâte en quatre carrés de 9 cm.

3 Pour la sauce, mettre les échalotes dans une poêle avec le vin blanc et le vinaigre et porter à ébullition sur feu moyen. Laisser évaporer le liquide presque complètement (15 à 20 minutes). Ajouter la crème et poursuivre la cuisson 2 à 3 minutes. Ajouter le beurre petit à petit en remuant énergiquement. Saler, poivrer selon le goût de chacun.

4 Faire chauffer sur feu chaud un peu d'huile d'olive dans une sauteuse. Y faire revenir les filets de saumon de chaque côté pendant 10 secondes, en les retournant délicatement. Réserver.

5 Disposer un carré de pâte sur une assiette. Déposer sur chacun 6 tranches de saumon et recouvrir d'un deuxième carré. Verser les échalotes dans la sauce et arroser chaque assiette de cette sauce. Déposer une feuille de cerfeuil sur chaque mille-feuille et servir sans attendre.

Quiche aux champignons sauvages

Cette quiche peut se confectionner avec toutes sortes de champignons, sauvages ou de Paris ; tout dépend de ce qui est disponible. Les champignons sauvages possèdent un goût plus fort comparé à ceux de couche et vous trouverez sans aucun doute le juste équilibre qui convient à votre palais.

Préparation **45 minutes**
Cuisson **1 heure 10 minutes**
Pour 4 à 6 personnes

1/2 quantité de pâte brisée (voir page 58)
1 œuf battu

GARNITURE
60 g de beurre
400 g de chanterelles, cèpes, girolles, trompettes de la mort, champignons de Paris ou autres champignons émincés
2 échalotes finement hachées
1 œuf
2 jaunes d'œufs
100 ml de crème fraîche épaisse
1 cuil. à soupe de ciboulette, de persil et de cerfeuil fraîchement hachés

1 Beurrer légèrement un moule à tarte de 20 cm de diamètre. Étaler la pâte sur une surface légèrement farinée (3 mm d'épaisseur environ) et la déposer dans le moule à tarte (voir *Techniques du chef*, page 59). Préchauffer le four à 180 °C (th. 4). Enfourner et laisser cuire pendant 25 minutes ou jusqu'à ce que la pâte soit ferme au toucher. Retirer les haricots et le papier sulfurisé et badigeonner le fond avec l'œuf battu. Poursuivre la cuisson pendant 7 minutes (voir *Techniques du Chef*, page 59).

2 Pour la garniture, faire fondre sur feu moyen le beurre dans une poêle antiadhésive. Faire sauter les champignons pendant environ 5 minutes ou jusqu'à ce qu'ils aient rendu toute leur eau. (Si on utilise différentes sortes de champignons, faire sauter chaque variété à part). Ajouter l'échalote hachée et laisser cuire 1 minute, égoutter et réserver. Laisser refroidir.

3 Battre l'œuf, les 3 jaunes, la crème et les herbes. Saler, poivrer.

4 Verser la préparation aux champignons sur la pâte ainsi que les œufs battus. Cuire 25 à 30 minutes ou jusqu'à ce que le dessus soit cuit et que la pointe du couteau plongée au cœur ressorte propre. Déposer sur une grille et laisser légèrement refroidir avant de démouler. Attendre 5 minutes supplémentaires avant de découper.

Gougères

En Bourgogne, ces boules de pâte à choux sont traditionnellement offertes lors des dégustations de vin dans les caves. *Page 62, vous trouverez étape par étape les façons d'accompagner cette recette.*

Préparation ***25 minutes***
Cuisson ***25 minutes***
Pour 25 à 30 gougères

65 g de farine
30 g de beurre
1 pincée de noix de muscade
2 œufs
40 g de gruyère ou de cheddar râpé
1 œuf battu

1 Préchauffer le four à 170 °C(th. 3). Beurrer légèrement deux plaques. Saupoudrer une feuille de papier sulfurisé avec de la farine. Mettre 125 ml d'eau dans une casserole avec le beurre, la noix de muscade et 1 pincée de sel. Porter à ébullition. Retirer du feu et ajouter en une seule fois la farine. Remuer énergiquement à l'aide d'une cuillère en bois. Remettre sur le feu et remuer jusqu'à ce qu'une boule souple se forme au fond de la casserole et se décolle des parois. Retirer du feu et verser la pâte dans un saladier. Dans un bol, battre légèrement les œufs. À l'aide d'une cuillère en bois ou d'un batteur électrique, ajouter les œufs petit à petit au mélange précédent en remuant bien à chaque fois. La pâte à choux est prête lorsqu'elle est souple, épaisse et luisante. Y ajouter la moitié du fromage.

2 Verser le mélange dans une poche à douille à embout fin. Presser de petites boules de 2,5 cm directement sur la plaque en laissant un espace de 3 cm entre chaque. À l'aide d'une fourchette trempée dans l'œuf battu aplatir légèrement chaque gougère et saupoudrer du restant de fromage. Laisser cuire 20 à 25 minutes ou jusqu'à ce que les gougères aient bien gonflé et aient pris une belle teinte dorée. Servir chaudes.

Conseil du chef Ce plat est très simple à réussir et est idéal à l'apéritif. Les gougères sont quelquefois servies aux restaurants en tant qu' « amuse-gueules » avec des boissons.

Tarte provençale

La garniture de cette quiche rappelle toutes les saveurs du Midi : oignon, ail, tomate, courgette, aubergine revenus dans de l'huile d'olive et légèrement relevés au basilic.

Préparation ***1 heure 15 minutes***
+ 40 minutes pour lever
Cuisson ***1 heure***
Pour 4 à 6 personnes

PÂTE
200 g de farine
1 cuil. à café de sel
1 cuil à café de sucre en poudre
10 g de levure fraîche ou 5 g de levure sèche
1 œuf
2 cuil. à soupe d'huile d'olive

GARNITURE
Huile d'olive, pour la cuisson
1 petit oignon coupé en dés
1 pincée de sel
200 g de tomates pelées, épépinées et écrasées (voir page 63)
2 gousses d'ail finement hachées
1 courgette coupée en dés
1 aubergine coupée en dés
1 œuf
1 jaune d'œuf
100 ml de crème fleurette
2 cuil. à soupe de basilic frais, haché

1 Pour la confection de la pâte, mettre dans un grand saladier la farine, le sel et le sucre. Creuser un puits au milieu. Faire dissoudre la levure dans 60 ml d'eau tiède. Ajouter en remuant l'huile d'olive, l'œuf et verser dans le puits. Incorporer la farine petit à petit à l'aide d'une cuillère en bois. Verser la pâte, plus ou moins homogène, sur une surface farinée en grattant le fond du saladier si nécessaire. Pétrir pendant 5 minutes ou jusqu'à ce que la pâte soit souple au toucher et qu'elle se décolle des parois. Huiler légèrement un saladier et y déposer la pâte. Couvrir avec du film alimentaire huilé et laisser gonfler dans un endroit tiède pendant 30 à 40 minutes ou jusqu'à ce qu'elle ait doublé de volume.

2 Pour la garniture, faire chauffer un peu d'huile d'olive dans une grande sauteuse. Ajouter l'oignon et laisser revenir pendant 3 à 5 minutes ou jusqu'à ce qu'il soit transparent, il ne doit pas brunir. Ajouter les tomates et l'ail et poursuivre la cuisson sur feu doux pendant 3 minutes en remuant de temps en temps, le liquide doit s'être évaporé. Faire revenir la courgette et l'aubergine dans une autre poêle dans de l'huile d'olive. Ajouter aux tomates, couvrir et cuire à feu doux pendant 15 minutes. Saler et poivrer; transférer dans un saladier baignant dans de la glace. Laisser refroidir en remuant de temps à autre.

3 Préchauffer le four à 170 °C (th. 3). Beurrer légèrement un moule à tarte à fond amovible (20,5 x 2,5 cm). Battre l'œuf, les jaunes et la crème dans un petit saladier. Saler et poivrer.

4 Poser la pâte sur un plan de travail fariné. Fariner légèrement et étaler afin d'obtenir une pâte de 3 mm d'épaisseur, la déposer dans le moule à tarte (voir *Techniques du chef*, page 59). Couvrir avec une serviette humide et réserver.

5 Ajouter au mélange de légumes le mélange aux œufs ainsi que le basilic haché. Verser dans le moule et mettre au four pendant 30 à 35 minutes ou jusqu'à ce que la pâte prenne une belle teinte dorée. Déposer sur une grille et laisser légèrement refroidir avant de démouler. Attendre 5 minutes avant de couper en parts.

Tortillons aux tomates séchées

Ces tortillons parfumés à la tomate sont délicieux aussi bien chauds que froids. Ils sont particulièrement appréciés à l'apéritif et peuvent être préparés à l'avance et congelés.

Préparation **20 minutes**
+ 1 heure 15 de réfrigération
Cuisson **15 minutes**
Pour 80 tortillons environ

250 g de farine
1/2 cuil. à café de sel
1 pincée de poivre et de paprika
1/2 cuil. à café de levure chimique
150 g de beurre refroidi et coupé en dés
Quelques gouttes de Tabasco
4 cuil. à soupe de ciboulette fraîche
1 œuf légèrement battu
100 g de concentré de tomates
50 g de tomates séchées, finement hachées

1 Beurrer deux plaques. Verser la farine dans un saladier avec le sel, le poivre, le paprika et la levure. Ajouter le beurre et le Tabasco, pétrir jusqu'à ce que la pâte prenne l'aspect du sable. Ajouter la ciboulette et creuser un puits au milieu.

2 Battre légèrement l'œuf dans un petit saladier, en verser la moitié dans un autre saladier avec la moitié du concentré de tomates. À l'aide d'une spatule, incorporer dans le mélange à la farine en tournant toujours dans le même sens jusqu'à homogénéisation du mélange. Former une boule grossière, envelopper dans du film plastique et mettre au réfrigérateur pendant 1 heure.

3 Étaler la pâte sur une surface légèrement farinée (3 mm d'épaisseur). La déposer sur une plaque propre, couvrir de film plastique et mettre au réfrigérateur pendant 15 minutes.

4 Préchauffer le four à 200 °C (th. 6). Verser le restant de concentré de tomates dans un robot et mixer jusqu'à obtention d'une pâte souple. Étaler sur la pâte, couper en bandelettes de 1 cm de largeur et entortiller.

5 Poser les tortillons sur la plaque en lui donnant un dernier tour avant de les poser. Pincer les extrémités afin d'éviter qu'elles se défassent. Cuire 10 à 15 minutes ou jusqu'à ce qu'ils aient pris une belle couleur dorée et qu'ils soient fermes au toucher. Couper en tortillons de 7 cm pendant qu'ils sont encore chauds. Déposer sur une grille pour refroidir avant de servir.

Quiche aux épinards et à la ricotta

La combinaison classique des épinards et de la ricotta, subtilement rehaussée par la saveur de la noix de muscade, constitue une garniture idéale pour cette quiche végétarienne.

Préparation ***30 minutes***
Cuisson ***1 heure 10 minutes***
Pour 4 à 6 personnes

GARNITURE
500 g d'épinards
20 g de beurre
3 œufs
200 g de ricotta
100 ml de crème fraîche épaisse
1 pincée de noix de muscade

1/2 quantité de pâte brisée (voir page 58)
1 œuf battu

1 Pour la garniture, bien laver les épinards, retirer les côtes et essorer dans du papier absorbant. Faire fondre le beurre dans une sauteuse sur feu moyen. Ajouter les épinards et laisser revenir pendant 8 minutes environ. Mettre à refroidir dans une passoire, éliminer tout excédent d'eau et hacher finement.

2 Préchauffer le four à 180 °C (th. 4). Beurrer légèrement un moule à tarte à fond amovible de 20cm de diamètre. Étaler la pâte sur une surface légèrement farinée (épaisseur 3 mm) et la déposer dans le moule (voir *Techniques du chef*, page 59). Laisser cuire 25 minutes environ ou jusqu'à ce que la pâte soit ferme au toucher. Retirer les haricots et le papier; badigeonner le fond avec l'œuf battu. Laisser cuire 7 minutes supplémentaires (voir *Techniques du chef*, page 59).

3 Battre les œufs, le fromage et la crème dans un saladier et ajouter les épinards; saler, poivrer et ajouter la noix de muscade. Verser sur la pâte et cuire 25 à 30 minutes ou jusqu'à ce que le dessus soit pris. Mettre sur une grille et laisser refroidir légèrement avant de démouler. Attendre 5 minutes avant de découper en parts.

Tartelettes aux poireaux

Ces tartelettes aux poireaux et au cumin sont délicieuses servies tièdes en apéritif. On peut aussi en faire une quiche et la proposer en entrée.

Préparation **45 minutes + 15 minutes de réfrigération**
Cuisson **40 minutes**
Pour 30 tartelettes

GARNITURE
40 g de beurre
1 gros blanc de poireau finement émincé (voir page 63)
1 feuille de leurier
1 pincée de thym
1 pincée de sel
1 bonne pincéee de cumin en poudre
160 ml de crème fraîche épaisse
1 œuf
1 jaune d'œuf

1 quantité de pâte brisée (voir page 58)

1 Pour la garniture, faire fondre le beurre dans une casserole sur feu doux. Ajouter le poireau, le laurier, le thym et le sel. Couvrir et laisser mijoter 5 minutes puis ôter le couvercle et laisser encore 5 à 10 minutes ou jusqu'à ce que toute l'eau se soit évaporée. Retirer le laurier. Ajouter le cumin, bien mélanger et réserver le temps de refroidir.

2 Huiler 3 plaques à muffins d'une contenance de 125 ml. Étaler la pâte sur une surface légèrement farinée (épaisseur 3 mm) et mettre au réfrigérateur pendant 5 minutes. Préchauffer le four à170 °C (th. 3). En se servant d'un verre de 7 cm de diamètre environ découper dans la pâte 30 cercles. Les déposer dans les petits moules prévus à cet effet en faisant en sorte que la pâte déborde légèrement des bords. Mettre au réfrigérateur pendant 10 minutes.

3 Battre ensemble la crème, l'œuf et le jaune d'œuf ; saler et poivrer. Remplir chaque tartelette avec 1/2 cuil. à café du mélange au poireau et verser délicatement le mélange à la crème. Cuire pendant 10 à 15 minutes ou jusqu'à ce que la garniture ait pris. Démouler pendant que les tartelettes sont encore tièdes. Si elles adhèrent au moule, décoller les bords à l'aide d'un couteau.

Flan au saumon et au basilic

Ce flan délicatement parfumé est délicieux servi en tant que collation un jour chaud d'été accompagné d'une frisée et d'un vin blanc bien frais.

Préparation **40 minutes**
Cuisson **1 heure**
Pour 4 à 6 personnes

1/2 quantité de pâte brisée (voir page 58)
1 œuf battu

GARNITURE
300 g de saumon frais paré
1 œuf
150 ml de crème fraîche épaisse
200 ml de lait
1 cuil. à soupe de basilic frais, finement haché

1 Préchauffer le four à 180 °C (th. 4). Beurrer légèrement un moule à tarte à fond amovible. Étaler la pâte sur une surface légèrement farinée (épaisseur 3 mm) et la déposer dans le moule (voir *Techniques du chef*, page 59). Laisser cuire 25 minutes ou jusqu'à ce que la pâte soit bien ferme. Enlever les haricots et le papier ; badigeonner le fond avec l'œuf battu. Laisser au four 7 minutes supplémentaires (voir *Techniques du chef*, page 59).

2 Pour la garniture, couper le saumon en dés. Mettre dans un robot et hacher finement en procédant par petites pressions. Ajouter l'œuf et mixer pendant 10 secondes puis ajouter la crème et mixer jusqu'à obtention d'un mélange homogène. Transférer dans un saladier et verser le lait en remuant énergiquement. Saler, poivrer et ajouter le basilic.

3 Verser ce mélange sur la pâte et cuire pendant 20 à 30 minutes ou jusqu'à ce que le flan ait pris. La pointe du couteau plongée au cœur doit ressortir propre. Mettre sur une grille avant de démouler. Laisser le flan refroidir légèrement. Servir tiède accompagné d'une salade.

Conseil du chef Des morceaux de saumon poché ou fumé peuvent être posés sur la pâte avant de verser le mélange sur celle-ci.

HIRE

Tarte crémeuse au jambon

De délicieuses tranches de jambon, nappées d'une sauce blanche crémeuse et couronnées de fromage fondu doré : cette tarte populaire fera le bonheur des petits et des grands. Si l'on veut varier, on peut utiliser du jambon fumé ou ajouter un peu de moutarde de Dijon à la sauce.

Préparation **30 minutes + 20 minutes pour refroidir**
Cuisson **45 minutes**
Pour 4 à 6 personnes

1/2 quantité de pâte brisée

GARNITURE
60 g de beurre
60 g de farine
500 ml de lait
150 g de jambon coupé en lamelles de 4 x 1 cm
1 pincée de noix de muscade
80 g d'emmental râpé ou finement émincé

1 Préchauffer le four à 180 °C (th.4). Beurrer un moule à tarte à fond amovible de 18 cm de diamètre. Étaler la pâte sur une surface légèrement farinée (environ 3 à 5 mm d'épaisseur) et la déposer dans le moule (voir *Techniques du chef*, page 59).

2 Cuire pendant 10 minutes ou jusqu'à ce que la pâte soit ferme au toucher. Ôter les haricots et le papier et laisser 5 minutes supplémentaires ou jusqu'à ce que le centre commence à brunir (voir *Techniques du chef*, page 59). Retirer du feu pour laisser refroidir et baisser le four à 170 °C (th.3).

3 Pour la garniture, faire fondre le beurre sur feu moyen dans une casserole à fond épais. Saupoudrer la farine sur le beurre et laisser 1 à 2 minutes en remuant sans interruption avec une cuillère en bois afin de ne pas laisser brunir. Ajouter le lait petit à petit en remuant énergiquement afin d'éviter la formation de grumeaux. Attention à ne pas renverser du lait partout. Une fois le mélange frémissant, remuer pendant 8 minutes environ ou jusqu'à ce que la sauce soit épaisse et crémeuse. Lorsque l'on gratte la casserole avec une cuillère, le fond doit être clairement visible. Ajouter le jambon et la noix de muscade, saler et poivrer. Couvrir avec du papier sulfurisé et réserver pour refroidir pendant 20 minutes.

4 Verser le mélange sur la pâte. Saupoudrer de fromage et cuire pendant 10 à 15 minutes environ ou jusqu'à ce que le fromage ait doré et commence à frémir en surface. Pour plus de couleur, mettre la tarte sous le grill au maximum pendant 30 secondes. Mettre sur une grille afin de laisser refroidir tranquillement avant de démouler. Attendre 15 à 20 minutes avant de découper la tarte et de la servir tiède.

Quiche aux trois poivrons

Cette quiche à la fois colorée et très parfumée est meilleure servie tiède. Si on ne trouve pas de poivron jaune, se servir uniquement du rouge et du vert, tout en sachant que le poivron rouge a un goût plus doux et plus sucré que le poivron vert.

Préparation ***45 minutes***
Cuisson ***1 heure 35 minutes***
Pour 4 à 6 personnes

GARNITURE
1 poivron rouge
1 poivron jaune
1 poivron vert
3 œufs
250 ml de crème fraîche épaisse
1 pincée de noix de muscade
40 g de gruyère râpé

1/2 quantité de pâte brisée (voir page 58)
1 œuf battu

1 Pour la garniture, griller les poivrons en suivant les *Techniques du chef*, page 63, et les émincer finement.

2 Préchauffer le four à 170 °C (th. 3). Beurrer légèrement un moule à tarte à fond amovible de 22 cm de diamètre. Étaler la pâte sur une surface légèrement farinée (3 mm d'épaisseur) et la déposer dans le moule (voir *Techniques du chef*, page 59). Cuire pendant 25 minutes environ ou jusqu'à ce qu'elle soit ferme au toucher. Ôter les haricots et le papier et badigeonner le fond avec l'œuf battu. Laisser 7 minutes supplémentaires au four (voir *Techniques du chef*, page 59).

3 Battre les œufs et la crème, saler, poivrer et ajouter la noix de muscade. Verser les poivrons sur la pâte en les saupoudrant de fromage râpé. Ajouter le mélange aux œufs et cuire pendant 40 minutes ou jusqu'à ce que la garniture soit ferme ; la lame d'un couteau plongée au centre doit ressortir propre. Déposer sur une grille pour laisser légèrement refroidir avant de démouler. Laisser 5 minutes supplémentaires avant de couper en parts.

Bouchées aux crevettes

Les bouchées sont de petits réceptacles de pâte feuilletée farcis d'une garniture crémeuse et goûteuse. Celles-ci étaient très à la mode à la cour de Louis XV et de son épouse, réputés pour leur féroce appétit !

Préparation **15 minutes + 35 minutes de réfrigération**
Cuisson **20 minutes**
Pour 8 bouchées

1/2 quantité de pâte feuilletée (voir page 60)
1 œuf battu

GARNITURE
30 g de beurre
30 g de farine
250 ml de fumet de poisson ou de lait
250 g de crevettes décortiquées, cuites
2 cuil. à soupe d'herbes fraîches, hachées

1 Beurrer une grande plaque à four et la mettre au réfrigérateur jusqu'à ce que l'on s'en serve. Étaler la pâte sur une surface légèrement farinée (5 mm d'épaisseur). Essuyer tout excédent de farine et découper 8 cercles de 7 cm à l'aide d'un moule à bouchées. Verser un peu d'eau froide sur la plaque. Badigeonner avec l'œuf et remettre au réfrigérateur pendant 5 minutes, badigeonner une seconde fois avec l'œuf. À l'aide d'un deuxième moule de 5 cm de diamètre environ, tracer sur les cercles de pâte un cercle intérieur. Mettre au réfrigérateur pendant 30 minutes.

2 Préchauffer le four à 220 °C (th. 7). Badigeonner à nouveau la pâte avec l'œuf. Mettre au four au centre et cuire pendant 10 à 12 minutes ou jusqu'à ce que la pâte ait bien gonflé, qu'elle soit croustillante et dorée. Retirer du four et découper le cercle intérieur pendant que les bouchées sont encore chaudes. Gratter les excédents de pâte molle. Remettre éventuellement au four 30 secondes pour bien sécher. (Le four éteint garde encore suffisamment de chaleur pour cette opération).

3 Pour la garniture, faire fondre le beurre dans une casserole, ajouter la farine et cuire doucement pendant 1 minute. Retirer du feu et verser le bouillon ou le lait, battre énergiquement avec une cuillère en bois et remettre sur le feu. Remuer sans discontinuer sur feu doux jusqu'à élimination de tous les grumeaux. Augmenter le feu et porter à ébullition toujours en remuant et laisser frémir 2 à 3 minutes. Juste avant de servir, ajouter les crevettes afin de les réchauffer. Ajouter en dernier les herbes, saler, poivrer.

4 Déposer à la cuillère la garniture dans les bouchées pendant qu'elles sont encore tièdes. Garnir éventuellement avec des herbes hachées ou quelques crevettes. Remettre ou non le couvercle de pâte.

Conseils du chef Si on se sert de crevettes surgelées, elles devront être totalement décongelées et bien égouttées. Ne pas les laver ou les décongeler dans l'eau car elles perdraient beaucoup de leur saveur.

Après avoir découpé les cercles de pâte, on les retourne sur la plaque afin de les aider à gonfler tout en restant droits.

Si on prépare les bouchées à l'avance, les réchauffer à four doux (180 °C, th. 4) pendant 5 minutes avant de les remplir avec la garniture chaude.

Tarte aux pommes de terre et au bacon

Cette délicieuse tarte se compose d'une pâte brisée recouverte de pommes de terre coupées en fines rondelles, de lardons, de fromage râpé, de persil et d'une sauce crémeuse. Elle est meilleure servie tiède. Il est important de couper les pommes de terre en lamelles fines afin de s'assurer qu'elles cuiront bien.

Préparation ***25 minutes***
Cuisson ***1 heure***
Pour 6 personnes

1/2 quantité de pâte brisée (voir page 58)

GARNITURE
1 pomme de terre débitée en lamelles fines
100 g de bacon coupé en lamelles d'1 cm de largeur
2 œufs
120 ml de crème fraîche épaisse
100 ml de lait
1 cuil. à café de persil frais, haché
50 g d'emmenthal râpé

1 Préchauffer le four à 180 °C (th. 4). Beurrer un moule rectangulaire à fond amovible de 19 x 27 x 2,5 cm. Étaler la pâte sur une surface légèrement farinée (épaisseur environ 3 mm) et la déposer dans le moule (voir *Techniques du chef*, page 59).

2 Cuire pendant 10 minutes ou jusqu'à ce que la pâte soit ferme au toucher. Retirer les haricots et le papier et laisser 5 minutes supplémentaires ou jusqu'à ce que le centre commence à brunir (voir *Techniques du chef*, page 59). Retirer du four pour refroidir et réduire la température (thermostat 3, 170 °C).

3 Pour la garniture, tamponner les pommes de terre dans un torchon propre pour bien les sécher. Mettre le bacon dans une petite casserole, recouvrir d'eau froide, porter à ébullition et laisser 2 minutes avant d'égoutter. Battre les œufs, la crème et le lait dans un petit saladier, saler, poivrer.

4 Décorer le fond de la tarte avec les rondelles de pommes de terre et le bacon, saupoudrer de persil et de fromage râpé. Verser le mélange aux œufs et cuire pendant 35 à 45 minutes ou jusqu'à ce que le dessus soit doré et commence à frémir ; les pommes de terre doivent être bien cuites (vérifier en enfonçant la lame d'un couteau : si la chair est tendre, elles sont prêtes). Déposer sur une grille afin de laisser refroidir avant de démouler. Servir tiède avec une frisée.

Rouleaux aux saucisses

Une pâte feuilletée croustillante et dorée garnie de viande hachée. Ces rouleaux sont parfaits pour un déjeuner léger ou un pique-nique, accompagnés d'une salade, ou encore à emporter comme encas pour le midi. Ces rouleaux constitueront d'élégants petits fours pour les cocktails.

Préparation **15 minutes + 15 minutes de réfrigération**
Cuisson **25 minutes**
Pour 8 rouleaux

10 g de beurre
2 échalotes finement hachées
250 g de chair à saucisse
1 pincée de quatre-épices
1 cuil. à soupe de persil finement haché
1 quantité de pâte feuilletée (voir page 60)
1 œuf battu, salé

1 Faire fondre les échalotes dans une sauteuse. Couvrir et faire revenir sur feu moyen pendant 5 minutes ou jusqu'à ce qu'elles deviennent transparentes. Retirer du feu et laisser refroidir 5 minutes. Mettre la chair à saucisse dans un saladier et ajouter l'échalote, les épices et le persil. Saler, poivrer et bien mélanger. Rouler la chair à saucisse sur une surface bien farinée avec des paumes également bien farinées en tronçons de 2,5 cm d'épaisseur. Transférer sur un plateau légèrement fariné et mettre au réfrigérateur en attendant que la pâte soit prête.

2 Étaler la pâte sur une surface légèrement farinée en un long rectangle de 3 mm d'épaisseur et d'au-moins 10 cm de largeur. Bien égaliser les bords. Déposer le boudin de chair à saucisse sur la longueur du rectangle et se débarrasser de l'excédent de pâte à chaque bout. Badigeonner la portion de pâte visible à côté de la chair à saucisse avec l'œuf battu et rabattre la pâte sur la viande afin de l'enfermer. Pincer délicatement les deux morceaux de pâte et égaliser les extrémités. À l'aide d'un petit couteau affûté et fariné, couper en 8 rouleaux de taille égale. Dessiner trois traits en diagonale sur la pâte en décoration mais aussi afin d'aider la vapeur à s'échapper en cours de cuisson. Placer sur la plaque légèrement humidifiée à l'eau froide. Badigeonner avec l'œuf battu en évitant les extrémités afin qu'elles ne se scellent pas durant la cuisson, cela empêcherait la pâte de gonfler. Mettre 15 minutes au réfrigérateur.

3 Préchauffer le four à 220 °C (th. 7). Badigeonner de nouveau la pâte avec l'œuf, enfourner en hauteur et faire cuire pendant 25 minutes environ ou jusqu'à ce que la pâte ait bien monté et soit croustillante et dorée. Servir chaud ou froid.

Conseils du chef Couper en petits rouleaux pour servir lors de cocktails ; on peut également varier la recette en ajoutant à la farce des herbes ou de la tomate séchée hachée.

Une autre suggestion : faire cuire, éplucher des œufs de caille. Écraser la farce et aligner les œufs dans la « rigole ». Rabattre la farce sur les œufs.

La base de ces rouleaux sera très brune.

Quiche lorraine

Cette recette est apparue en Lorraine aux alentours du XVIe siècle. Le terme « quiche » provient de l'allemand « Kuchen », signifiant gâteau. Il existe une quasi infinie variété de quiches mais la quiche lorraine est traditionnellement constituée de crème, d'œufs et de lardons fumés. C'est un classique de la cuisine française.

Préparation **30 minutes**
Cuisson **1 heure 5 minutes**
Pour 4 à 6 personnes

1/2 quantité de pâte brisée (voir page 58)
1 œuf battu

GARNITURE
Huile, pour la cuisson
180 g de lardons fumés, découennés
3 œufs
1 pincée de noix de muscade
250 ml de crème fleurette
80 g de gruyère râpé

1 Beurrer légèrement un moule à tarte à fond amovible (22 cm de diamètre). Étaler la pâte sur une surface légèrement farinée (3 mm d'épaisseur) et la déposer dans le moule (voir *Techniques du chef*, page 59). Préchauffer le four à 180 °C (th. 4). Cuire pendant 25 minutes ou jusqu'à ce la pâte soit ferme au toucher. Retirer les haricots et le papier et badigeonner le fond de la tarte avec l'œuf battu. Remettre au four 7 minutes supplémentaires (voir *Techniques du chef*, page 59).

2 Pour la garniture, faire chauffer un peu d'huile dans une sauteuse. Faire sauter les lardons, essorer sur du papier absorbant et réserver. Battre les œufs avec la noix de muscade, saler, poivrer. Incorporer la crème et passer au chinois.

3 Déposer les lardons et le fromage sur la pâte et verser le mélange aux œufs jusqu'aux trois-quarts du moule. Laisser cuire 20 à 30 minutes ou jusqu'à ce que le dessus soit bien coloré. Servir chaud avec une frisée.

Vinis vinifera.

Palmiers et tortillons au fromage

Ces petits amuse-gueules sont délicieux servis en apéritif ou en accompagnement d'une soupe. On peut les mouler en forme de palmiers ou de tortillons et les parfumer aux herbes, aux tomates séchées ou encore aux anchois.

Préparation **30 minutes + 45 minutes de réfrigération**
Cuisson **10 minutes**
Pour 30 palmiers ou 45 tortillons

2 jaunes d'œufs
1 œuf
1/4 de cuil. à café de sucre en poudre
40 g de parmesan râpé
1/4 de cuil. à café de paprika
1 quantité de pâte feuilletée (voir page 60)

1 Battre ensemble les jaunes d'œufs, l'œuf, le sucre et 1 pincée de sel, verser dans un saladier propre.

2 Avec du beurre fondu, graisser une grande plaque et mettre au réfrigérateur. Dans un petit saladier, mélanger le parmesan, le paprika et 1 pincée de sel, poivrer avec du poivre noir fraîchement moulu.

3 Étaler la pâte sur une surface légèrement farinée en un rectangle de 20 x 24 cm et de 3 mm d'épaisseur. Badigeonner légèrement avec le mélange à l'œuf et saupoudrer uniformément avec le mélange au parmesan. Étaler de nouveau afin d'incorporer le fromage à la pâte. Transférer délicatement la pâte sur la plaque et mettre 15 minutes au réfrigérateur. Déposer la pâte sur une surface légèrement farinée et découper un rectangle de 30 x 15 cm.

4 Pour les palmiers, parallèlement au côté le plus court, faire 6 marques de 5 cm avec le plat d'un couteau. Ne pas couper, seulement marquer. Asperger avec un peu d'eau.

5 Replier les deux bandes extérieures à l'intérieur. Leurs faces sans fromage se retrouveront au-dessus, les asperger d'un peu d'eau et replier sur les autres sixièmes marqués, asperger de nouveau. Transférer sur une plaque et mettre 15 minutes au réfrigérateur. Couper en tranches de 5 mm d'épaisseur et les disposer tête en bas et bien espacés sur la plaque déjà préparée. Appuyer légèrement dessus afin de les aplatir, les retourner et mettre 15 minutes supplémentaires au réfrigérateur.

6 Entre-temps, préchauffer le four à 200 °C (th. 6). Cuire les palmiers pendant 10 minutes environ ou jusqu'à ce qu'ils soient dorés et croustillants. Retirer immédiatement de la plaque et transférer sur une grille pour qu'ils refroidissent.

7 Pour confectionner les tortillons, suivre les instructions de 1 à 3. En se servant d'un grand couteau affûté, couper la pâte dans le sens de la longueur en lamelles d'1 cm de largeur. Tourner plusieurs fois la pâte afin de constituer une longue boucle souple. Déposer sur une plaque et pincer les extrémités pour éviter que les tortillons ne se déroulent en cuisant. Mettre 10 à 15 minutes au réfrigérateur. Entre-temps, préchauffer le four à 200 °C (th. 6). Cuire pendant 7 à 10 minutes ou jusqu'à ce qu'ils soient bien dorés et croustillants. Découper sans attendre en tronçons de 10 cm de longueur et mettre sur une grille pour refroidir.

Conseil du chef Ajouter des herbes séchées au fromage ou un peu de tomates séchées, voire des anchois.

Flan aux épinards et au brie

Du brie crémeux associé à l'oignon, aux épinards et aux tomates fait de cette quiche feuilletée un vrai délice surtout lorsque celle-ci est servie avec une salade de tomates ou une frisée.

Préparation ***25 minutes***
Cuisson ***1 heure***
Pour 6 personnes

1/2 quantité de pâte feuilletée (voir page 60)
1 œuf battu

GARNITURE
30 g de beurre
1 oignon haché
3 oignons nouveaux coupés en morceaux de 2 cm
190 g d'épinards décongelés
1 œuf
180 ml de crème fraîche épaisse
250 g de brie coupé en tranches fines
2 tomates bien mûres, coupées en fines rondelles et essuyées sur du papier absorbant
2 cuil. à soupe de parmesan râpé

1 Beurrer un moule à tarte (18 cm de diamètre) à fond amovible. Préchauffer le four à 200 °C (th. 6). Étaler la pâte le plus finement possible (l'idéal est de voir à travers) sur une surface légèrement farinée et la déposer dans le moule (voir *Techniques du chef*, page 59).

2 Cuire pendant 15 à 20 minutes ou jusqu'à ce qu'elle soit dorée. Retirer les haricots et le papier, remettre au four pendant 5 minutes et badigeonner le fond avec l'œuf battu (voir *Techniques du chef*, page 59). Réduire la chaleur à 180 °C (th. 4).

3 Pour la garniture, faire fondre le beurre dans une sauteuse. Ajouter l'oignon et cuire pendant 3 minutes ou jusqu'à ce que l'oignon soit translucide. Ajouter l'oignon nouveau, laisser cuire 1 minute et ajouter les épinards. Saler et poivrer généreusement et bien mélanger. Cuire à feu vif pendant environ 7 minutes ou jusqu'à ce que le liquide se soit évaporé.

4 Battre les œufs et la crème ensemble dans un saladier, saler et poivrer. Mettre le mélange aux épinards sur le fond de la quiche et couvrir de tranches de brie, déposer les tranches de tomates harmonieusement sur le dessus et saupoudrer de parmesan. Laisser cuire environ 25 minutes ou jusqu'à ce que la garniture ait pris et soit dorée. Mettre sur une grille et laisser légèrement refroidir avant de démouler. Servir tiède.

Tartelettes au crabe

Ces tartelettes peuvent être préparées selon différents formats, tout dépend de leur utilisation : apéritif, entrée ou amuse-gueule lors de cocktails ou encore en tant que plat pour le soir. Ne pas les préparer trop longtemps à l'avance sinon la pâte deviendrait trop molle.

Préparation **2 heures + 15 minutes de réfrigération**
Cuisson **15 minutes**
Pour 8 tartelettes

GARNITURE
1 concombre
1/2 cuil. à café de sel
1 poivron jaune
2 tomates pelées et épépinées (voir page 63)

1/2 quantité de pâte brisée (voir page 58)
250 g de miettes de crabe
2 cuil. à soupe de ciboulette fraîche, hachée

MAYONNAISE
1 jaune d'œuf
2 cuil. à café de moutarde de Dijon
125 ml d'huile

1 Pour la garniture, couper les extrémités du concombre et le peler. Le couper en deux dans le sens de la longueur et épépiner à l'aide d'une cuillère à café. Couper en tous petits dés de 3 mm environ. Faire dégorger dans du sel. Couper le poivron, épépiné et couper en dés comme le concombre. Couper les tomates en dés également et essuyer sur du papier absorbant.

2 Préchauffer le four à 170 °C (th. 3). Beurrer des moules à tartelettes (7 x 1,5 cm). Étaler la pâte sur une surface légèrement farinée (épaisseur 2 mm). Mettre 5 minutes au réfrigérateur. Découper huit cercles de 10 cm de diamètre environ. Déposer la pâte dans les moules en laissant légèrement déborder la pâte sur les bords des moules. Mettre 10 minutes au réfrigérateur.

3 Bien caler la pâte dans les moules et piquer les fonds avec une fourchette. Enfourner pendant 8 à 10 minutes ou jusqu'à ce que la pâte colore légèrement. Retirer les haricots et le papier et poursuivre la cuisson 2 à 3 minutes ou jusqu'à ce que la pâte soit bien dorée (voir *Techniques du chef*, page 59). Attendre 5 minutes avant de démouler les tartelettes en les déposant sur une grille.

4 Pour la mayonnaise, battre le jaune d'œuf et la moutarde dans un saladier profond jusqu'à ce que le mélange soit mousseux. Ajouter graduellement un filet l'huile, toujours en battant énergiquement. Une fois toute l'huile incorporée, saler et poivrer avec du poivre blanc moulu. Incorporer 3 à 4 cuillérées à soupe de mayonnaise au crabe en mélangeant bien. Réserver.

5 Éliminer l'eau rendue par le concombre et essorer sur du papier absorbant en tapotant. Mettre les aliments coupés en dés dans un saladier et mélanger les légumes avec 2 à 3 cuillérées à soupe de mayonnaise. Verser la garniture sur les tartelettes et couronner avec le crabe. Déposer une cuillérée de mayonnaise au sommet de chaque tartelette et saupoudrer avec la ciboulette hachée.

Conseils du chef Chaque étape peut être préparée à l'avance mais ne pas garnir les tartelettes avant de les servir. Si on veut donner une touche d'originalité, ajouter une pincée de curry aux légumes.

Si on se sert de crabe congelé ou en boîte, essorer dans un torchon.

Quiche à la tomate, au basilic et à la mozzarella

Cette recette aux saveurs italiennes est excellente servie chaude ou froide ; elle est idéale pour les pique-niques ou les déjeuners sur le pouce au bureau.

Préparation **30 minutes**
Cuisson **1 heure 10 minutes**
Pour 6 personnes

1/2 quantité de pâte feuilletée (voir page 58)

GARNITURE
2 œufs
50 ml de lait
50 ml de crème fraîche épaisse
1 pincée de noix de muscade (facultatif)
1 pincée de poivre de Cayenne (facultatif)
2 petites tomates, coupées en morceaux de 1 cm et épépinées
150 g de mozzarella émincée
1 cuil. à soupe de basilic fraîchement haché (voir Conseil du chef)

1 Préchauffer le four à 200 °C (th. 6). Beurrer un moule à tarte à fond amovible (20 cm de diamètre). Étaler la pâte sur une surface légèrement farinée (3 mm d'épaisseur) et la déposer dans le moule (voir *Techniques du chef*, page 59).

2 Faire cuire pendant 10 à 15 minutes ou jusqu'à ce que la pâte soit ferme au toucher. Retirer les haricots et le papier et poursuivre la cuisson 10 minutes supplémentaires ou jusqu'à ce que la pâte soit sèche et dorée (voir *Techniques du chef*, page 59). Retirer du four pour laisser refroidir. Réduire la température à 170 °C (th. 3).

3 Pour la garniture, battre les œufs, le lait et la crème dans un saladier. Saler, poivrer et ajouter le poivre de Cayenne et la noix de muscade si l'on veut. Déposer les tomates, le fromage et le basilic sur le fond de la quiche. Verser le mélange aux œufs et cuire pendant 35 à 45 minutes en vérifiant de temps à autre afin que la garniture ne bouillonne pas. Si tel est le cas, c'est que le four est trop chaud, il faudra baisser. La garniture sera cuite lorsqu'elle sera ferme au toucher et que la surface sera dorée. Déposer sur une grille afin de laisser légèrement refroidir avant de démouler. Servir tiède ou froide accompagnée d'une frisée.

Conseil du chef Le basilic doit être haché juste avant de s'en servir afin d'éviter qu'il ne se décolore.

Chaussons aux moules et crème à l'ail

Ces chaussons ont la forme traditionnelle de nos chaussons aux pommes, sauf qu'ils sont garnis d'une farce salée. Ils sont exquis servis chauds.

Préparation **1 heure 10 minutes**
+ 25 minutes de réfrigération
Cuisson **50 minutes**
Pour 4 personnes

1/2 quantité de pâte feuilletée (voir page 60)
1 œuf battu avec 1 pincée de sel
3 feuilles de cerfeuil frais, pour la garniture

GARNITURE
30 g de beurre
1 carotte coupée en julienne (voir Conseil du chef)
100 g de blancs de poireaux coupés en julienne (voir page 63)
1 côte de céleri coupée en julienne
1 zeste de citron
100 ml de vin blanc sec
2 échalotes finement hachées
1 kg de moules épluchées et lavées

CRÈME À L'AIL
10 gousses d'ail
300 ml de crème fraîche épaisse

1 Étaler la pâte sur une surface légèrement farinée (3 mm d'épaisseur). Couper huit cercles de 12 cm de diamètre. Déposer une plaque et mettre au moins 10 minutes au réfrigérateur. Beurrer légèrement une autre plaque et mettre au réfrigérateur également.

2 Pour la garniture, faire fondre le beurre dans une sauteuse et ajouter la carotte, le poireau et le céleri. Saler et poivrer légèrement. Laisser revenir doucement pendant 6 à 10 minutes ou jusqu'à ce que les légumes aient ramolli. Ajouter le zeste de citron et laisser refroidir.

3 Verser le vin et les échalotes dans la sauteuse ainsi que les moules ; s'assurer qu'elles sont bien fermées. Se débarrasser de celles éventuellement ouvertes. Couvrir et porter à ébullition, laisser bouillonner 5 minutes environ ou jusqu'à ce que les fruits de mer se soient ouverts. Jeter ceux qui sont restés fermés. Égoutter et réserver le jus. Prélever huit moules dans leurs coquilles et décortiquer les autres. Laisser refroidir.

4 Mettre la pâte sur une surface légèrement farinée. Badigeonner d'œuf battu sur 1 cm les bords extérieurs des chaussons. Déposer au centre, en dehors du périmètre badigeonné, les légumes et les moules décortiquées. Couvrir avec une deuxième moitié de pâte et sceller les bords. Faire deux incisions sur le dessus à l'aide d'un couteau affûté afin de permettre à la vapeur de s'échapper durant la cuisson. Dessiner quelques motifs tout en surface sur les chaussons, sans entailler la pâte. Déposer quelques gouttes d'eau sur la plaque à four et déposer les chaussons dessus. Badigeonner leur surface sans couper les bords avec l'œuf battu et mettre 15 minutes au réfrigérateur. Préchauffer le four à 220 °C (th. 7). Badigeonner de nouveau avec l'œuf battu. Cuire pendant 5 minutes et réduire la chaleur (200 °C, thermostat 6) et laisser 10 à 15 minutes au four ou jusqu'à ce que les chaussons aient bien gonflé et soient croustillants.

5 Pour la crème à l'ail, mettre l'ail dans une petite casserole, couvrir avec de l'eau froide et porter à ébullition. Égoutter et répéter l'opération. Remettre l'ail dans la casserole, ajouter la crème et 100 ml du jus de cuisson des moules, couvrir et laisser mijoter tranquillement pendant 15 minutes ou jusqu'à ce que l'ail ait ramolli. Mettre dans un mixeur jusqu'à obtention d'un mélange crémeux. Saler et poivrer.

6 Pour servir, déposer une cuillérée de crème à l'ail chaude au centre de quatre assiettes tiédies, y déposer les chaussons et garnir avec les moules dans leur coquille et les brins de cerfeuil.

Conseil du chef Couper en julienne des légumes signifie découper en lanières d'une taille d'une allumette.

Tarte au fromage

La moutarde de Dijon ajoute une saveur particulière à cette délicieuse et riche tarte fourrée au fromage. Si on le souhaite, on peut ajouter une pincé de poivre de Cayenne.

Préparation **20 minutes**
Cuisson **50 minutes**
Pour 6 personnes

1/2 quantité de pâte brisée (voir page 58)

GARNITURE
150 g de gruyère râpé
3 œufs
200 ml de crème fraîche épaisse
1 pincée de noix de muscade
1/4 de cuil. à café de moutarde de Dijon

1 Préchauffer le four à 180 °C (th. 4). Beurrer un moule à tarte à fond amovible (20 cm de diamètre). Étaler la pâte brisée sur une surface légèrement farinée en un cercle d'environ 3 mm d'épaisseur et déposer la pâte dans le moule (voir *Techniques du chef*, page 59).

2 Faire cuire pendant 10 minutes ou jusqu'à ce que la pâte soit ferme au toucher. Retirer les haricots et le papier et poursuivre la cuisson 5 à 10 minutes supplémentaires ou jusqu'à ce que le centre commence à colorer (voir *Techniques du chef*, page 59). Retirer du feu pour laisser refroidir.

3 Saupoudrer le fromage sur le fond de la tarte. Battre les œufs, la crème, la pincée de noix de muscade et la moutarde ; saler et poivrer. Verser le mélange sur le fromage et cuire 20 à 30 minutes ou jusqu'à ce que le mélange soit pris et doré. Mettre à refroidir sur une grille avant de démouler.

4 Servir la tarte chaude ou froide accompagnée d'une salade verte et de tomates lors d'un déjeuner léger.

Tartelettes aux œufs brouillés et au saumon fumé

Une touche de sophistication apportée à un brunch en servant ces élégantes tartelettes au lieu des traditionnels œufs brouillés sur toasts. Pour un résultat vraiment crémeux, il est absolument nécessaire de ne pas trop faire cuire les œufs.

Préparation **20 minutes**
Cuisson **20 minutes**
Pour 6 tartelettes

1/2 quantité de pâte brisée (voir page 58)
6 brins de cerfeuil frais, pour garnir

GARNITURE
20 g de beurre
6 œufs
90 ml de crème fraîche épaisse
100 g de saumon fumé, coupé en julienne
2 cuil. à café de caviar, en garniture

1 Préchauffer le four à 200 °C (th. 6). Beurrer six moules à tartelettes (7 cm de diamètre). Étaler la pâte sur une surface légèrement farinée en un cercle d'environ 2 mm d'épaisseur. Découper 6 cercles de 13 cm de diamètre et les disposer dans les moules préparés (voir *Techniques du chef*, page 59).

2 Cuire pendant 7 minutes environ ou jusqu'à ce que la pâte soit ferme au toucher. Retirer les haricots et le papier et poursuivre la cuisson 3 à 5 minutes supplémentaires ou jusqu'à ce que le centre soit doré (voir *Techniques du chef*, page 59). Démouler les tartelettes et garder au chaud.

3 Pour la garniture, faire fondre le beurre dans une casserole à feu doux. Battre les œufs légèrement avec la crème et verser dans la casserole. Cuire les œufs à feu doux en remuant à l'aide d'une cuillère en bois afin d'éviter que le mélange n'attache au fond de la casserole, il faut que ce mélange devienne bien crémeux. Retirer du feu et ajouter la moitié du saumon fumé en mélangeant bien.

4 Remplir immédiatement les tartelettes avec le mélange. Décorer avec le restant de saumon, un peu de caviar et quelques brins de cerfeuil. Servir chaud.

Conseil du chef Toujours retirer la casserole du feu pendant que les œufs brouillés sont tout juste crémeux. La casserole étant chaude, ils continueront à cuire encore après avoir été retirés du feu. Si les œufs sont trop cuits, ils deviendront durs et l'eau commencera à s'en échapper.

Quiche au chèvre et au cresson

Le goût légèrement poivré du cresson se marie à merveille au chèvre frais. Cette quiche peut également se présenter en tartelettes individuelles et être servie aussi bien chaude que froide.

Préparation ***30 minutes***
Cuisson ***1 heure 15 minutes***
Pour 4 à 6 personnes

GARNITURE
250 g de cresson
3 œufs
100 ml de crème fraîche épaisse
1 pincée de noix de muscade
150 g de fromage de chèvre frais, coupé en rondelles de 1,5 cm d'épaisseur

1/2 quantité de pâte brisée (voir page 58)
1 œuf battu

1 Pour la garniture, éplucher le cresson, bien rincer et essorer sur du papier absorbant. Porter 2 litres d'eau à ébullition, ajouter du sel et tremper le cresson pendant 10 secondes. Égoutter et rincer sous le jet d'eau froide pendant 3 minutes, égoutter à nouveau (voir *Techniques du chef*, page 63). Éliminer tout excédent d'eau et hacher grossièrement le cresson. Saler, poivrer.

2 Préchauffer le four à 180 °C (th. 4). Beurrer légèrement un moule à tarte à fond amovible (20 cm de diamètre). Étaler la pâte sur une surface légèrement farinée (3 mm d'épaisseur) et la déposer dans le moule (voir *Techniques du chef*, page 59). Cuire pendant 25 minutes environ ou jusqu'à ce qu'elle soit ferme au toucher. Retirer les haricots et le papier et badigeonner le fond de la quiche avec l'œuf battu. Poursuivre la cuisson pendant 7 minutes supplémentaires (voir *Techniques du chef*, page 59).

3 Battre les œufs avec la crème, saler et poivrer. Saupoudrer le fond de la quiche avec le cresson haché et arranger les rondelles de chèvre avec élégance sur le dessus. Ajouter le mélange à l'œuf et cuire 30 à 40 minutes ou jusqu'à ce que la lame d'un couteau ressorte propre lorsque plongé au cœur. Déposer sur une grille avant de démouler afin de laisser légèrement refroidir. Attendre 5 minutes avant de couper.

ANCHOVIES

Bâtonnets aux anchois

Des bâtonnets aux anchois, enrobés d'une pâte croustillante, sont absolument délicieux lorsque servis avec du vin et du champagne, d'où leur popularité lors des cocktails.

Préparation **20 minutes + 30 minutes de réfrigération**
Cuisson **10 minutes**
Pour environ 80 bâtonnets

1/2 quantité de pâte feuilletée (voir page 60) ou 250 g de restant de pâte
1 œuf battu
20 à 25 filets d'anchois

1 Légèrement fariner une plaque allant au four (30 x 45 cm). Étaler la pâte sur une surface farinée en un rectangle ayant approximativement la taille de la plaque. La pâte doit être aussi fine que possible, (l'idéal est de voir à travers). Faire glisser délicatement la pâte sur la plaque et couvrir avec du film plastique ; mettre 20 minutes au réfrigérateur.

2 Préchauffer le four à 200 °C (th. 6). Séparer la pâte en deux dans le sens de la longueur et la transférer sur une surface légèrement farinée. Badigeonner l'une des bandes avec l'œuf battu. Y déposer les filets d'anchois à 2,5 cm d'intervalle. Recouvrir avec la deuxième moitié de pâte et se servir du rouleau à pâtisserie pour aplatir l'ensemble. Découper des bandelettes d'1 cm de largeur puis recouper dans le sens de la largeur des bâtonnets de 7 cm de long. Mettre 10 minutes au réfrigérateur.

3 Déposer ces bâtonnets sur deux plaques légèrement beurrées et badigeonner avec l'œuf battu. Cuire environ 10 minutes ou jusqu'à ce qu'ils aient gonflé et qu'ils soient bien dorés. Servir chaud ou froid.

Flamiche aux poireaux et au brie

À l'origine, la flamiche était une sorte de gâteau fait de pain et servi avec du beurre. Aujourd'hui, cependant, la flamiche correspond à une tourte farcie de légumes ou de fromage, ou des deux, comme dans cette recette.

Préparation ***1 heure 5 minutes***
+ 30 minutes de réfrigération
Cuisson ***55 minutes***
Pour 4 à 6 personnes

PÂTE
250 g de farine
1 cuil. à café de sel
60 g de beurre
1 œuf
1 jaune d'œuf

1 œuf battu

GARNITURE
60 g de beurre coupé en dés
400 g de blancs de poireaux coupés en fines juliennes (voir page 63)
150 g de brie
1 œuf
1 jaune d'œuf
50 ml de crème fraîche épaisse

1 Pour la pâte, mélanger la farine et le sel dans un saladier. Du bout des doigts, travailler le beurre et la farine jusqu'à obtenir une pâte sablée. Creuser un puits au centre et ajouter l'œuf entier et le jaune ainsi que 2 cuillérées 1/2 à soupe d'eau. Bien mélanger et former une boule ; mettre 20 minutes au réfrigérateur enveloppée dans du film plastique.

2 Pour la garniture, faire fondre le beurre dans une sauteuse et y faire revenir doucement le poireau, couvert, pendant 5 minutes. Poursuivre la cuisson 5 minutes supplémentaires ou jusqu'à ce que le liquide se soit évaporé, faire bien attention à ce que le poireau ne brunisse pas. Transférer dans une passoire et réserver pour refroidir.

3 Préchauffer le four à 170 °C (th. 3). Beurrer légèrement un moule à tarte (20 cm de diamètre) à fond amovible. Diviser la pâte en deux et étaler une moitié sur une surface légèrement farinée (épaisseur 3 mm) et la déposer dans le moule (voir *Techniques du chef*, page 59) en laissant dépasser 1 cm de pâte sur les bords. Étaler la deuxième moitié sur une surface légèrement farinée en un cercle de 22,5 cm et mettre au réfrigérateur jusqu'à ce que l'on en ait besoin.

4 Enlever la croûte du fromage et couper ce dernier en dés. Répartir le poireau et parsemer de fromage. Battre ensemble l'œuf, le jaune d'œuf et la crème. Verser sur les légumes et le fromage. Badigeonner les bords de la pâte à l'œuf battu et placer la seconde moitié de pâte au-dessus. Égaliser et pincer du bout des doigts afin de bien sceller les bords. Se débarrasser de tout excédent. Badigeonner le dessus de la flamiche avec l'œuf battu et mettre pendant 10 minutes au réfrigérateur. Badigeonner une deuxième fois et creuser un trou au centre à l'aide d'un petit couteau. Cuire 40 à 45 minutes ou jusqu'à ce que la flamiche soit dorée. Déposer sur une grille afin de laisser refroidir avant de démouler. Attendre 5 minutes supplémentaires avant de couper en parts.

Feuilletés aux asperges et sauce au beurre de ciboulette

Les feuilletés sont de petits réceptacles de pâte feuilletée généreusement remplis de viande, de légumes ou de fruits de mer. Ils peuvent être de forme carrée, rectangulaire, triangulaire ou en losanges. Dans cette recette, ils sont garnis d'asperges et de brie et arrosés d'une sauce au beurre de ciboulette très appétissante.

Préparation **20 minutes + 20 minutes de réfrigération**
Cuisson **25 minutes**
Pour 8 feuilletés

GARNITURE
16 pointes d'asperges de 6 cm de longueur environ
80 g de brie coupé en 8 tranches

1/2 quantité de pâte feuilletée (voir page 60)
1 œuf battu

SAUCE AU BEURRE DE CIBOULETTE
150 g de beurre refroidi et coupé en dés
1 cuil. à café de jus de citron
2 cuil. à soupe de ciboulette fraîche

1 Pour la garniture, porter une casserole d'eau salée à ébullition, ajouter les asperges et cuire pendant 2 à 3 minutes ou jusqu'elles soient tendres. Égoutter les asperges, refroidir sous un jet d'eau froide pendant 5 minutes, égoutter à nouveau et les déposer sur un plateau pour qu'elles finissent de refroidir (voir *Techniques du chef*, page 63).

2 Étaler la pâte sur une surface légèrement farinée en un rectangle de 21 x 26 cm et de 5 mm d'épaisseur. Renforcer les deux côtés les plus longs et couper la pâte en losanges ou en carrés de 7 cm. Mettre légèrement à part sur une plaque humide et mettre au réfrigérateur pendant 20 minutes.

3 Préchauffer le four à 200 °C (th. 6). Badigeonner le dessus de la pâte avec l'œuf battu. Ne pas badigeonner les bords car l'œuf empêcherait la pâte de lever. Légèrement inciser en forme de croix le dessus de la pâte. Cuire pendant 15 minutes environ ou jusqu'à ce que la pâte ait bien levé, qu'elle ait pris un aspect croustillant et doré. Séparer en deux horizontalement à l'aide d'un couteau affûté et se débarrasser de tout excès de pâte molle. Déposer une tranche de brie dans les feuilletés et couronner avec les asperges en faisant en sorte que seuls les bouts ressortent. Remettre le couvercle de pâte et garder au chaud à four doux.

4 Pour la sauce, porter 100 ml d'eau à ébullition dans une casserole. Réduire le feu et ajouter en remuant énergiquement le beurre petit à petit, battre jusqu'à ce qu'il soit bien incorporé au mélange et que la sauce ait bien épaissi. Saler et poivrer, ajouter le jus de citron et la ciboulette.

5 Pour servir, déposer une cuillerée de beurre de ciboulette dans chaque feuilleté et arroser avec le reste de la sauce.

Conseil du chef Tout reste de pâte feuilletée peut servir à la confection des bâtonnets aux anchois (voir page 49).

Quiche aux fruits de mer

La garniture de cette ravissante quiche aux fruits de mer est extrêmement rapide et simple à confectionner puisque les fruits de mer peuvent s'acheter précuits.

Préparation **35 minutes**
Cuisson **1 heure 10 minutes**
Pour 4 à 6 personnes

1/2 quantité de pâte brisée (voir page 58)
1 œuf battu

GARNITURE
200 g de crevettes roses, décortiquées et cuites
170 g de miettes de crabe cuit
3 œufs
250 ml de crème fraîche épaisse
1 pincée de noix de muscade
40 g de gruyère râpé

1 Préchauffer le four à 170 °C (th. 3). Beurrer légèrement un moule à tarte à fond amovible (22 cm de diamètre). Étaler la pâte sur une surface légèrement farinée (épaisseur 3 mm) et la déposer dans le moule préparé (voir *Techniques du chef*, page 59). Faire cuire pendant environ 25 minutes ou jusqu'à ce que la pâte soit ferme au toucher. Retirer les haricots et le papier et badigeonner le fond de la pâte avec l'œuf battu. Cuire 3 minutes supplémentaires (voir *Techniques du chef*, page 59).

2 Pour la garniture, éliminer tout excédent d'eau ou de jus des fruits de mer et égoutter sur du papier absorbant. Battre ensemble les œufs, la crème et la noix de muscade. Saler et poivrer avec du poivre fraîchement moulu.

3 Verser le mélange aux fruits de mer sur le fond de la tarte ainsi que le mélange aux œufs. Saupoudrer de fromage râpé et laisser cuire 35 à 40 minutes ou jusqu'à ce que le dessus soit bien doré. Déposer sur une grille et laisser légèrement refroidir avant de démouler. Attendre 5 minutes supplémentaires avant de couper en parts.

Gougères au jambon

En principe, une gougère est une petite boule de pâte à choux. Cette variation utilise la pâte à choux et un peu de fromage râpé afin de constituer de petites boules fourrées à une sauce crémeuse au jambon fumé et au fromage.

Préparation **30 minutes**
Cuisson **25 minutes**
Pour 6 personnes

1 quantité de pâte à choux (voir page 62)
1 œuf battu avec 1 pincée de sel
1 cuil. à soupe de gruyère ou de parmesan râpés

GARNITURE
30 g de beurre
30 g de farine
250 ml de lait
50 g de gruyère râpé
100 g de dés de jambon fumé
1 cuil. à café de moutarde anglaise
1 pincée de poivre de Cayenne
1 pincée de poivre blanc

1 Beurrer une plaque à four et la mettre au réfrigérateur jusqu'à ce que l'on s'en serve. Préchauffer le four à feu moyen (200 °C, thermostat 6). Verser la pâte à choux dans une poche à douille à embout d'1 cm. Déposer 12 boules de pâte d'environ 1 cm à la base et 1,5 cm de hauteur sur la plaque réfrigérée. Badigeonner les boulettes avec l'œuf battu et saupoudrer de fromage râpé. Faire cuire 20 minutes ou jusqu'à ce qu'elles aient pris une belle teinte dorée. Laisser les gougères refroidir, four éteint et porte entrouverte. Cela permettra d'assécher l'intérieur des gougères.

2 Pour la garniture, faire fondre le beurre dans une sauteuse sur feu moyen. Saupoudrer de farine et laisser cuire 1 à 2 minutes en remuant constamment à l'aide d'une cuillère en bois afin de ne pas laisser brunir. Ajouter le lait petit à petit en remuant énergiquement afin de prévenir la formation de grumeaux. Porter à ébullition sur feu moyen et laisser frémir 3 à 4 minutes. Si la sauce comporte quand même des grumeaux, la passer dans une passoire à larges trous et la réchauffer dans une casserole propre. Ajouter en remuant le fromage, le jambon fumé et la moutarde. Saler, poivrer, ajouter le poivre de Cayenne.

3 Verser le mélange dans une poche à douille à embout rond. En se servant de la pointe d'un petit couteau affûté, trouer chaque gougère à la base. À l'aide de la poche, déposer la farce à l'intérieur des choux. Servir deux gougères tièdes par personne, accompagnées d'une salade.

Techniques du chef

Pâte brisée

Cette délicieuse pâte est la plus adéquate pour les quiches et les tartes ; elle est également la plus facile à réaliser.

Préparation **10 minutes + 20 minutes de réfrigération**
Cuisson ***aucune***
Pour 530 g de pâte

200 g de farine
1 bonne pincée de sel
100 g de beurre froid
1 œuf légèrement battu
2 à 3 cuil. à café d'eau

1 Dans un grand saladier, mélanger la farine et le sel ensemble. Couper le beurre en dés d'environ 1 cm et les déposer dans la farine.
2 Incorporer le beurre du bout des doigts jusqu'à ce que le mélange prenne un aspect sablonneux.
3 Creuser un puits et y verser le mélange œuf et eau.
4 Pétrir doucement la pâte à l'aide d'un couteau-palette jusqu'à ce qu'elle forme une boule grossière. La déposer sur une surface légèrement farinée et pétrir à nouveau délicatement jusqu'à ce qu'elle devienne souple (pas plus de 20 secondes). Envelopper la boule dans du film plastique et mettre au réfrigérateur au moins 20 minutes avant de s'en servir.

Conseil du chef Cette quantité de pâte est suffisante pour deux quiches de 18-20 cm de diamètre. Si on ne fait qu'une seule quiche, diviser la pâte en deux et envelopper l'autre moitié dans du film alimentaire. On peut sans problème congeler une moitié.

Mettre les dés de beurre dans la farine avec le sel. Mélanger.

Continuer à pétrir du bout des doigts jusqu'à obtention d'un mélange sablonneux.

Verser le mélange œuf et eau dans le puits.

Travailler la pâte doucement à l'aide d'un couteau-palette afin de former une boule.

Déposer la pâte

Bien faire attention à ne pas détendre la pâte en l'étendant.

Mettre la pâte sur un rouleau à pâtisserie et dérouler dans le moule.

Presser à l'intérieur à l'aide d'un petit morceau de pâte.

Se débarrasser de l'excédent de pâte en roulant le rouleau sur le bord du moule. Mettre 10 minutes au réfrigérateur.

Piquer le fond de la quiche avec une fourchette afin de permettre à la vapeur de s'échapper en cuisant.

Cuire à blanc

Cuire la pâte à blanc avant d'ajouter la garniture évite à la quiche de ramollir durant la cuisson.

Froisser une feuille de papier sulfurisé et la déplier dans le moule à tarte.

Déposer des haricots ou du riz sur la surface et appuyer légèrement afin de s'assurer qu'ils adhèrent bien au fond du moule.

Cuire selon le temps indiqué ou jusqu'à ce que la pâte soit ferme au toucher. Retirer les haricots ou le riz ainsi que le papier sulfurisé.

Si c'est indiqué dans la recette, finir la cuisson jusqu'à coloration de la pâte.

Pâte feuilletée

Cette pâte nécessite plus de temps et d'agilité que les autres pâtes mais le résultat est idéal pour une tarte ou autres pâtisseries croustillantes et légères. Si on dispose de peu de temps, on trouve de très bonnes pâtes feuilletées toute faite dans le commerce.

Préparation **1 jour**
Cuisson ***aucune***
Pour 530 g de pâte

250 g de farine
1 cuil. à café de sel
2 à 3 gouttes de jus de citron
125 ml d'eau
40 g de beurre fondu

100 g de beurre réfrigéré

1 Pour la pâte, verser la farine et le sel sur un plan de travail froid et creuser un puits. Ajouter le jus de citron à l'eau et verser dans le puits avec le beurre. Pétrir du bout des doigts. Ramener petit à petit la farine au centre afin de l'incorporer totalement. Pétrir doucement en ajoutant quelques gouttes d'eau si nécessaire afin de former une boule de pâte souple et non collante.
2 Inciser en forme de croix afin d'éviter que la pâte se rétracte et envelopper légèrement farinée dans du papier sulfurisé ou du film plastique. Mettre 1 heure au réfrigérateur, cela permettra à la pâte de mieux s'étaler. Poser le beurre refroidi entre deux feuilles de papier sulfurisé ou de film alimentaire. Le tapoter à l'aide du rouleau et en faire un carré de 2 cm d'épaisseur. Ce procédé aidera le beurre à s'étaler plus facilement. Sans le faire fondre.
3 Déballer la pâte et la disposer sur une surface légèrement farinée. L'étaler en forme de croix avec une bosse au milieu.
4 Déposer le beurre sur la bosse centrale et replier les quatre côtés dessus afin de l'enfermer complètement.

Déposer la farine et le sel sur le plan de travail et creuser un puits au centre. Ajouter le jus de citron, l'eau, le beurre et mélanger du bout des doigts.

Inciser en forme de croix la boule de pâte.

Déballer la pâte réfrigérée et la poser sur une surface légèrement farinée. Étaler à partir du centre en suivant le tracé de la croix et en laissant une petite bosse au milieu.

Déposer le beurre sur la bosse et envelopper de pâte.

5 Étaler le dessus et le dessous de la pâte afin de bien sceller les bords. Sur une surface légèrement farinée, étaler la pâte en un rectangle de 12 x 35 cm.

6 Plier en trois, le pli du dessous au centre et celui du dessus dessous. Éliminer l'excédent de farine afin de s'assurer que les bords se rejoignent proprement. Faire une marque avec le doigt pour repérer le premier pli et plier; Envelopper dans du film plastique et mettre au réfrigérateur pendant 30 minutes.

7 Donner un quart de tour à la pâte, le côté plié tourné vers la gauche comme pour ressembler à un livre. À l'aide d'un rouleau à pâtisserie, sceller délicatement les bords.

8 Répéter les étapes 5-7 trois fois sans oublier de marquer chaque fois avant de mettre au réfrigérateur pendant 30 minutes. Après avoir étalé deux fois et plier deux fois, la pâte doit avoir deux dentelures. À la fin, la pâte doit avoir quatre dentelures et commencera à prendre un aspect de plus en plus souple. Réfrigérer à nouveau 30 minutes. La pâte feuilletée est maintenant prête. Elle peut être congelée en entier ou en portion selon l'usage qu'on veut en faire.

Conseils du chef Lorsque vous faites de la pâte feuilletée, travaillez toujours sur une surface refroidie afin d'éviter que le beurre ne fonde et forme une pâte lourde. S'il fait chaud, il sera peut-être nécessaire de laisser la pâte 15 minutes supplémentaires durant la dernière étape.

Ce n'est pas difficile de réussir une pâte feuilletée mais cela prend du temps alors autant en préparer une grande quantité à la fois. Pour décongeler la pâte, la laisser une nuit au réfrigérateur. La pâte feuilletée se garde 4 jours au réfrigérateur et 3 mois au congélateur.

Sceller les bords de la pâte en appuyant à l'aide d'un rouleau à pâtisserie. Étaler en un rectangle.

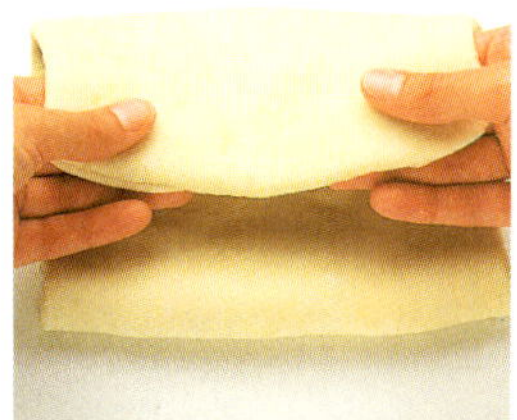

Plier la pâte en trois en ramenant le tiers inférieur au-dessus vers le centre et le tiers inférieur en dessous.

Après le temps de réfrigération, poser la pâte devant vous et donner un quart de tour de sorte à la faire ressembler à un livre, la pliure à gauche. Appuyer pour sceller les bords et étaler, plier et refroidir à nouveau.

Étaler et refroidir alternativement, en essayant de toujours garder un rectangle net.

Pâte à choux

Cette pâte est cuite deux fois afin de donner légèreté aux éclairs et aux chouquettes par exemple. Avant la cuisson finale, la pâte est très collante et doit être passée dans une poche à douille.

Préparation **5 minutes**
Cuisson **10 à 15 minutes**

60 g de farine
125 ml d'eau
50 g de beurre coupé en dés
1 pincée de sel
1 pincée de sucre
2 œufs

1 Tamiser la farine sur une feuille de papier sulfurisé. Mettre l'eau, le beurre, le sel et le sucre dans une casserole et porter à ébullition. Retirer du feu et ajouter la farine en une seule fois.
2 Bien mélanger à l'aide d'une cuillère en bois. Remettre sur le feu et remuer jusqu'à formation d'une boule souple se décollant des parois de la casserole.
3 Retirer du feu et verser la pâte dans un saladier. Battre légèrement les œufs dans un saladier et, soit à l'aide d'une cuillère en bois ou d'un batteur électrique, incorporer les œufs petit à petit en mélangeant à chaque fois.
4 La pâte à choux est prête lorsque le mélange est souple, épais et luisant.

Conseils du chef Il est essentiel lorsque l'on prépare une pâte à choux de bien mesurer la quantité d'ingrédients nécessaires car un excès d'humidité ferait retomber les choux. Une bonne technique : peser les œufs et se conformer au poids indiqué pour les autres ingrédients.

Ne pas se fier à la couleur dorée des choux ! S'ils sont trop clairs, voire légèrement jaunes, cela signifie que l'intérieur n'est pas cuit. Réduire alors la température à 160 °C (th. 2-3) et poursuivre la cuisson.

Une fois à ébullition, retirer du feu et ajouter la farine tamisée en une seule fois.

Remettre sur le feu en remuant constamment jusqu'à ce que la pâte forme une boule qui se décolle des parois de la casserole.

Retirer du feu et transférer dans un saladier. Ajouter petit à petit les œufs en battant à l'aide d'une cuillère en bois.

La pâte est prête lorsqu'elle est souple, épaisse et luisante.

Griller des poivrons

Le fait de griller des poivrons permet de les éplucher plus facilement et donne une saveur délicieusement sucrée.

Préchauffer le grill. Couper les poivrons en deux et retirer les graines et la membrane intérieure.

Faire griller jusqu'à ce que la peau se plisse et soit presque noire. Mettre dans un sac plastique et laisser refroidir. Éplucher.

Rafraîchir des légumes

Ce procédé permet de garder leur couleur aux légumes blanchis.

Cuire les légumes à gros bouillons jusqu'à ce qu'ils soient tendres.

Les égoutter et les plonger dans un saladier d'eau glacée afin de stopper la cuisson et de rafraîchir les légumes. Égoutter.

Préparer des tomates

De nombreuses recettes demandent à ce que l'on pèle et épépine les tomates. Très simple si on suit le procédé suivant :

À l'aide d'un petit couteau très affûté, pratiquer une incision en croix à la base de chaque tomate.

Laisser chaque tomate tremper 10 secondes dans de l'eau bouillante. Retirer et plonger dans un bol d'eau froide afin de stopper la cuisson et de garder la chair ferme.

Peler en partant des incisions et jeter les peaux. Si on demande d'épépiner, couper la tomate en deux et se servir d'une cuillère à café pour retirer délicatement les graines.

Laver les poireaux

Les poireaux font souvent partie des ingrédients d'une recette pour leur saveur vraiment unique.

Avant d'utiliser les poireaux, les rincer soigneusement sous le jet d'eau froide afin de les débarrasser de toute trace de terre. Couper le vert afin de permettre à l'eau de passer partout.

© 1998 Design et Photographie : Murdoch Magazines Pty Ltd,
45 Jones St. Ultimo NSW 2007

Copyright © 1998 pour les textes : Le Cordon Bleu

Les remerciements de l'éditeur et *Le Cordon Bleu* s'adressent aux 32 chefs des écoles Le Cordon Bleu, notemment à :
Chef Cliche (MOF), Chef Terrien, Chef Boucheret, Chef Duchêne (MOF), Chef Guillut, Chef Steneck, Paris ; Chef Males, Chef Walsh, Chef Hardy, London ; Chef Chantefort, Chef Bertin, Chef Jambert, Chef Honda, Tokyo ; Chef Salembien, Chef Boutin, Chef Harris, Sydney ; Chef Lawes, Adelaide ; Chef Guiet, Chef Denis, Ottawa.
Leur expertise a permis la réalisation du présent ouvrage.

Tous droits réservés. Aucune partie de ce livre ne peut être reproduite sous quelque forme ou par quelque moyen électronique ou mécanique que ce soit, y compris des systèmes de stockage d'information ou de recherche documentaire, sans l'autorisation écrite de l'éditeur.

Managing Editor: Kay Halsey
Series Concept, Design and Art Direction : Juliet Cohen

L'éditeur et *le Cordon Bleu* remercient Carole Sweetnam pour sa contribution à la réalisation de cette série.

Titre original : *Le Cordon Bleu - Home Collection - Quiches & Pastries*

Photo de couverture : Quiche aux épinards et à la ricotta

Copyright © 2003 pour l'édition française
Daphne nv
Poortakkerstraat 29, 9051 Gand (Belgique)

Traduction : Sylvie Fontaine, Paris
Réalisation : Studio Pastre, Toulouse
Lecture : Cécile Carrion, Cologne
Chef de fabrication : Jurgen Thienpont
Impression et reliure : Drukkerij Geers Offset nv
Imprimé en Belgique

ISBN 2-504-00018-9

10 9 8 7 6 5 4 3 2 1

NOTE : Les doses indiquées en cuillère à soupe correspondent à une contenance de 20 ml. Si la cuillère à soupe a une contenance de 15 ml, la différence restera minime dans la plupart des recettes. Pour celles qui exigent de la levure chimique, gélatine, bicarbonate de soude et farine, ajouter une cuillère à café supplémentaire pour chaque cuillère à soupe mentionnée.

IMPORTANT : Les effets causés par la salmonelle peuvent être dangereux, surtout pour les personnes âgées, les femmes enceintes, les enfants en bas âge et les personnes souffrant de déficience du système immunitaire. Il est conseillé de demander l'avis d'un médecin à propos de la consommation d'œufs crus.